Así se escribió Canek

Acaso al amigo lector le gustará conocer la historia de este libro. Cuando era yo niño acompañaba a mi padre por tierras de Yucatán. Mientras mi padre realizaba las diligencias de sus negocios yo me quedaba en la posada rodeado de indios mayas.

Por la noche, después de la cena, junto al fogón de la cocina, aquellos hombres se ponían a contar historias y leyendas de la región. Una de ellas se relacionaba con la vida de Canek. Sus aventuras y sus sentencias quedaron grabadas en mi memoria.

Más tarde, ya de pupilo en la escuela, pude leer papeles acerca del personaje, los cuales acabaron por afirmar en mi espíritu su recuerdo y su imagen.

Así pasaron muchos años hasta que un día apareció en mi conciencia el cuadro que abarcaba la historia del héroe. Empecé a llenar cuartillas y más cuartillas describiendo las escenas de aquella vida. Cuando tuve muchos capítulos concluidos me puse a corregirlos y a ordenarlos. Cierta noche, en la casa de María Asúnsolo, leí la primera versión del libro a un grupo de amigos. En otra ocasión, volví a leer una novísima versión en la casa de Silvestre Revueltas.

La primera edición la ilustró el grabador Abelardo Ávila. Para conmemorar mis 50 años, Manolo Altolaguirre hizo otra bajo el signo de su imprenta La Verónica. El poeta José Carner incluyó la historia en el tomo *Héroes mayas*. Otra edición muy bonita la hizo la Antigua Librería Robredo, con dibujos de Alberto Beltrán. Existe una edición abreviada, para niños, que se publicó en El Salvador.

De este modo, en más de 20 años, según las cuentas de la Biblioteca Nacional de México, entre ediciones y reproducciones, Canek ha aparecido 20 veces. También está en los discos de "Voz viva de México", de la Universidad Nacional, con una advertencia de Luis Rius. Fue traducido al alemán por Ludwig Renn; al inglés por David Heft, y al ruso en una selección publicada en Moscú. Ahora, según me dicen, está a punto de salir a luz una versión portuguesa hecha por Bolivar de Freitas. Andan por ahí dos o tres ediciones que si no son piratas cuando menos son corsarias.

Por vía de juego en la historia de Canek va algo de mi vida y también de la vida de otros sujetos. El niño Guy es mi contrafigura: soy yo, convertido en gentil esqueleto a causa del paludismo. Exa es el recuerdo de una niña que se llamaba Ofelia. El Padre Matías es la evocación del Padre Ávila, cura de la parroquia de Santa Lucía. Ramón Balam es el criado de mi casa. La tía Charo es la caricatura de mi propia tía Charo. La tía Micaela es la estampa de la cocinera de mi abuela doña Margarita.

Canek, bueno o malo, es el libro que mejor refleja mi dolor por el dolor de los humildes, de los indios de mi tierra. Si su lectura aviva la conciencia del hombre frente a la injusticia, me tendré por satisfecho.

Ermilo Abreu Gómez

CANEK

Historia y leyenda de un héroe maya

Ermilo Abreu Gómez

CANEK

Historia y leyenda de un héroe maya

Editorial Época, S.A. de C.V.
Emperadores No. 185
Col. Portales
C.P. 03300, México, D.F.

Canek
Historia y leyenda de un héroe maya
Ermilo Abreu Gómez

© Editorial Época, S.A. de C.V.
Emperadores No. 185, Col. Portales
C.P. 03300, México, D.F.
www.editorialepoca.com.mx
Tels: 56-04-90-46
56-04-90-72

Portada: Miriam Alatriste
Formación tipográfica: Sonia Wendy Chávez Nolasco

ISBN: 978-607-8473-42-7

Impreso en México — *Printed in Mexico*

Prólogo

Ermilo Abreu Gómez es el autor de *Canek*, un libro sencillo capaz de dejar una huella honda en cada lector. Es considerado una de las obras más hermosas del escritor mexicano, apreciado por su crítica y su ardua labor como maestro en México y el extranjero, trabajos que le valieron ser uno de los hombres más respetados de su generación. Nacido en la ciudad de Mérida, Yucatán, en el año de 1894, Abreu sería la voz de los indígenas de su región.

Se inició en las letras hacia finales de 1910, año en que dio inició la guerra revolucionaria. Formó parte de los escritores denominados "colonistas", así nombrados porque sus escritos se ocupaban del pasado colonial del país. Dado que nació en Yucatán, estaba fuertemente ligado con la cultura maya, de ahí que las historias y leyendas que suele contar sean meramente regionales, evocando el pasado de los mayas sobre fondos prehispánicos y coloniales.

Publicó sus primeros cuentos en la *Revista de Mérida*, y durante el apogeo del teatro yucateco de 1919 a 1926 gozó de notable fama su obra teatral *La Xtabay*, la cual fue puesta en escena en diversas ocasiones, pero Abreu incursionó hasta en el teatro infantil. Se trasladó a la capital de México, donde fue inspector de teatro y colaboró en varios periódicos y revistas.

Abreu se caracterizó por poseer un profundo conocimiento de la tradición hispánica. Publicó artículos lingüísticos y editó antologías de autores españoles y mexicanos. En este ámbito destaca una de sus obras más importantes: *Sor Juana Inés de la Cruz, bibliografía y biblioteca* (1934). Buena parte del auge que en México y en el extranjero tuvieron los estudios sorjuanistas fue promovido por Abreu. También desarrolló trabajos similares sobre Luis de Góngora y Argote, Carlos de Sigüenza y Góngora y el dramaturgo novohispano Juan Ruiz de Alarcón.

De la mano de su trabajo como escritor, Abreu Gómez dedicó una buena parte de su vida a su otra pasión: la docencia. En escuelas de secundaria y preparatoria, así como en la Normal Superior y en la Facultad de Filosofía y Letras de la Universidad Nacional Autónoma de México (UNAM) impartió clases de literatura. Y por más de diez años desempeñó el cargo de jefe de la División de Filosofía, Letras y Ciencias Sociales de la Unión Panamericana, en Washington, Estados Unidos.

En 1963, el autor se convirtió en miembro de la Academia Mexicana de la Lengua. Ocho años después, en 1971, Abreu Gómez murió en la Ciudad de México.

SU LADO REVOLUCIONARIO

Las páginas más íntimas y hermosas de las obras de Abreu Gómez fueron dedicadas a temas yucatecos: *Canek* (1940), *Héroes mayas* (1942), *Quetzalcóatl.*

Sueño y vigilia (1947), *Naufragio de indios* (1951) y *Leyendas y consejas del antiguo Yucatán* (1961).

Esto se pudo haber logrado porque muy en el fondo poseía un espíritu revolucionario, de ahí que los proyectos autóctonos tuvieran gran importancia en su legado literario. Si bien se dice que *Canek* fue su obra más lograda, donde otorga plena vida al héroe de su infancia, lo cierto es que cada uno de sus trabajos es digno de ser tomado en cuenta, pues es como una fotografía histórica llena de encanto.

Hubo un tiempo en la vida de Abreu que lo dedicó, aunque no de lleno, a la actividad política, pero él no le daba la importancia que tenía; es más, cuando hablaba de su cargo en la Unión Panamericana, en Washington, solía decir: "Fui jefe de una de esas tonterías internacionales"; quizás por eso dio menos relevancia a que estuviera ayudando a establecer algunas de las nuevas bases de la política del país. La idea de libertad parece que vive en él desde su infancia, pero no le alcanzan las palabras y la voluntad para asir eso que algunos todavía siguen llamando "el alma nacional".

Ermilo Abreu era físicamente pequeño y delgado, nadie al verlo hubiera podido imaginar que en el fondo de su diminuta estampa brotara un grito de dolor propio y ajeno, ya que como se decía: "uno de los personajes de su entrañable *Canek* es su vivo reflejo", cuando padeció una enfermedad que lo dejó debilitado. Y es que el marco histórico en el que nació gran parte de su legado literario se vio influido por sucesos de índole beligerante.

A Ermilo Abreu se debe un total de 77 obras, una por cada año de su vida. En sus inicios literarios, estalló la Revolución mexicana, y algunos años después, cuando quería bautizar a su primer hija, había una persecución religiosa, situación por la cual estaban cerradas las puertas de las iglesias. En esas condiciones, Rafael de los Ríos, amigo muy cercano del escritor, consiguió un sacerdote, quien a cambio de que no se supiera su nombre, aceptó bautizar a la niña en secreto. Uno de los pocos testigos a esta celebración (sólo podían acudir dos) fue Salvador Novo, poeta con quien diez años más tarde sostendría Abreu un grave enfrentamiento por cuestiones personales.

Entre 1932 y 1935 surgieron dos grupos de intelectuales, unos eran conocidos como Contemporáneos, mientras que otros eran llamados Nacionalistas. Todos ellos protagonizaron célebres polémicas en torno al proyecto cultural que la nación debía de seguir los años siguientes. Abreu se destacó por ser una figura prominente entre los escritores nacionalistas, con estas palabras como tesis central de su alegato:

Un pueblo se salva cuando logra vislumbrar el mensaje que ha traído al mundo, cuando logra electrizarse hacia un polo, bien sea real o imaginario, porque de lo uno y lo otro está tramada la vida. La creación no es un juego ocioso. Todo hecho esconde una secreta elocuencia, y hay que apretarlo con pasión para que suelte su jugo jeroglífico. En busca del alma nacional.

Solía decir que había una voz que provenía de nuestros dolores pasados.

La visión que Abreu tiene del país es la de una nación que entre sacudidas y reveses (los términos son de él), desasosiegos y atropellos no puede simpatizar con lo que él llama las cañas apáticas de actividades que llegan de afuera. Rechaza la idea de que cada generación realice un modelo hermético de literatura y apuesta por un modelo cuyo afán sea descubrir el verdadero espíritu de la nación.

Con esta ideología, la pugna contra los Contemporáneos se tornó encarnizada. Si Abreu era menudo, jamás lo fueron sus palabras plasmadas en papel. Para el yucateco, la literatura auténtica se nutre tanto del paisaje local como de una tradición que se remonta al clasicismo grecolatino, pero que a fuerza debe traducirse al lenguaje vivo y renovador del pueblo.

Con todo, la Revolución siempre fue el engranaje desde el cual se movía la rueda de su ideología, a pesar de que, para entonces, se había quedado muy atrás. Sin embargo, en la memoria guardaba las motivaciones de cada uno de los bandos, pues convivió durante la contienda con personas que pertenecieron a cada grupo. Aunque para él lo más importante era lo que quedaba justamente en el medio de cada contienda: el pueblo. Y era ahí donde consideraba que debía buscarse la base de la literatura.

Así, Abreu Gómez, como otros pensadores, halló en la herencia prehispánica del continente un fundamento para la constitución de una ideología mexicana.

ANÉCDOTAS DE SU NIÑEZ

A mediados de 1937, su esposa Paquita murió; lo hizo también, algunos días atrás, su estimada abuela, aquella en cuya casa siendo niño se había llenado de anécdotas, leyendas y presencias, como la de su compañero de juegos de esos años, el indígena Ramiro, quien luego aparecería como el narrador de su novela *Canek*.

El autor de origen yucateco sabía de manifiesto que la felicidad no era eterna, pero sólo los que estuvieron tan cerca de él supieron lo que le costó superar ambos duelos, sobre todo porque no es fácil reponerse de dos heridas hechas en tan breve tiempo. Se sabe que durante el periodo que vivió con Paquita no poseía mucho dinero, pero él lo consideró el más feliz de su vida:

Todo era paz en mi casa. Pero la alegría no es eterna y la muerte acecha. Tres veces, tres veces seguidas, llamó a mi puerta [...] Un día murió la madre de Paquita. A los pocos meses, en un instante, murió mi abuela. No me reponía de estas penas cuando Paquita, víctima de su vieja enfermedad del corazón, cayó enferma para no levantarse más...

Para ese entonces la cultura estaba en construcción, la posrevolución permitía de algún modo ir acomodando los cimientos. Y llegó un punto en que la trifulca intelectual entre nacionalistas y cosmopolitas no podía, por más que lo quisiera, ponerse de acuerdo para responder lo que hacía a la literatura mexicana serlo, por lo que hubo la necesidad de que Ermilo Abreu Gómez colocara su afán creativo para dar, de una vez por todas, una respuesta.

Con mucho afán ya había debatido con quienes tiempo atrás fueron sus amigos, en la búsqueda del alma nacional, pero no la representó hasta la aparición de su reactualización de *El Popol Vuh* (1949) y *La conjura de Xinum* (1958). Pero, sin duda, la que es su obra más popular en este tenor es *Canek. Historia y leyenda de un héroe maya.*

En efecto, el alma nacional estaba en su filiación indigenista, porque como lo dijera el célebre escritor mexicano Carlos Fuentes: *descubrir es imaginar el pasado, recordar el futuro.*

CANEK, HISTORIA Y LEYENDA DE UN HÉROE MAYA

En el marco de la celebración de los 60 años de escritor de Ermilo Abreu, realizada en la Biblioteca Nacional, Antonio Castro Leal señaló:

Canek *es uno de esos libros en que una tradición histórica, como el agua que baja golpeándose de la montaña, ha quedado en su más cristalina pureza. Nada hay en él de decorativo y adventicio... No se derrochan palabras, ni se las pone al servicio de efectos literarios fáciles para decorar los paisajes, para subrayar ternuras, para celebrar heroísmos y para condenar injusticias.*

La apuesta del autor fue por un personaje histórico, usando como escenario la amistad de un niño llamado Guy, con ese hombre sería considerado un héroe que recibe el nombre de Canek, un indígena que vivió al menos un par de siglos antes de la aparición de la obra. En términos literarios, Abreu revive el episodio ocurrido durante la Colonia y que consta como documento en el Acta de Cabildo de Mérida, fechado el 17 de diciembre de 1761.

A través de la experiencia del dolor, Canek desarrolla conciencia de sí mismo y del mundo que le rodea. No tiene más remedio que levantarse en armas para luego volver a la inocencia y la paz espiritual que sólo la madurez del cuerpo puede otorgar. Canek es un personaje trágico, de eso no hay duda, y resultaba ideal para criticar al mundo presente.

En el relato literario, el niño Canek vive en una choza apartada hasta donde se apersona la hermana de don Cleofás, el dueño de la hacienda del lugar. La mujer, doña Charo, es una solterona que desde hace mucho tiempo teje y desteje una camisa, en clara alusión a la Penélope del mundo clásico, sin que se sepa para quién trabaja. Con ella lleva a Guy, su sobrino, un niño enfermizo y tímido. Pronto, a Canek le da a cuidar a Guy y entre ellos se establece una intensa relación en la que se ven acompañados por otra niña, Exa, cuyo origen y desaparición se mantienen sin revelar.

La vida que llevan los indígenas que trabajan en la hacienda es precaria y de mucho abuso por parte de sus contratantes. Es la injusticia lo que a Abreu le interesa resaltar, y la sublevación el camino a seguir porque no hay vuelta atrás. Si en un inicio el niño Canek se mantiene en un paraje idílico, donde antes de dormir se entretiene escuchando a los grillos, los pasos de la gente y otros sonidos de la noche, cuando es insertado en el mundo del poder será la oportunidad para vislumbrar la libertad.

Canek se reconoce a sí mismo como parte de una tradición, se asume como signo de un código. Pasado y futuro quedan comprendidos en ese tiempo sincrónico de la conciencia de sí. El héroe abandona la hacienda y llama a la rebelión de los indios. Mas la guerra es desigual, y luego de perseguir y acosar a los indígenas, el líder Canek cae preso. Se cuenta que murió de pie, sin venda en los ojos ni amarres en las manos. Cuando el sentenciado subió al patíbulo, los hombres bajaron la cabeza, por eso nadie lo vio sonreír.

En el último apartado el autor reserva un desenlace que viene siendo como una estrategia cultural, de mestizaje. Ya muerto, Canek se reencuentra con el niño Guy (también muerto). Juntos y sin hablar, inician un andar que no puede ya escucharse. En la sombra sus cuerpos son claros como la luz, y cuando llegan al horizonte comienzan a ascender.

CANEK

... del general y sangriento estrago que amenaza
la Provincia con la causa de la
sublevación de los indios de ella,
los cuales se precipitaron al temerario
arrojo de proclamar rey,
con el nombre de Canek, a uno de ellos.

Cabildo de Mérida, 17 de diciembre de 1761.

Chorreará la amargura, mientras
la abundancia se sume.
Arderá la tierra y arderá la guerra de opresión.
Será el tiempo del dolor, del llanto y la miseria.

Profecía de Napuc Tun

No hay verdad en las
palabras de los extranjeros.

Profecía de *Chilam Balam*

Los Personajes

... cuando llegaron ya estaban completos los nombres de los pueblos que no lo tenían y los de los pozos, para que se pudiera saber por dónde habían pasado caminando para ver si era buena la tierra...

Del *Libro de los linajes mayas*

1

Jacinto Canek se levantó antes de que amaneciera. Por la noche había llovido tanto que el patio de su choza se inundó. Junto al brocal del pozo encontró a un indio. Canek le habló así:

—Ha llovido mucho, hijo, y lloverá otra vez porque ésta es la lluvia de Giaia. Giaia no fue hombre de esta tierra, sino de Oriente; pero todo lo del Oriente pertenece en espíritu a Yucatán. Lloverá otra vez.

Aún no acababa de hablar Jacinto Canek cuando empezó a llover otra vez.

Se cobijaron debajo de una palma y Canek continuó:

—Has de saber que Giaia tuvo un hijo malo llamado Giaial. Giaial quiso matar a su padre. Los dioses antiguos hablaron al oído de Giaia y le dijeron palabras de venganza. Giaia entonces mató a su hijo

Giaial; tomó su cuerpo, lo despedazó y lo guardó dentro de una calabaza, la cual depositó en la falda de un cerro. De vez en vez Giaia la tomaba entre sus manos y lloraba sobre ella llanto de dolor, porque mucho había querido al hijo muerto. Y sucedió un día que al tocar la calabaza vio que de ella salían peces. Tuvo miedo porque no entendió el símbolo de este suceso, y se alejó de aquel paraje. Entonces fueron al lugar cuatro hermanos, que eran huérfanos, y quisieron comer de aquellos peces. Quiso el destino que llegara a tiempo Giaia. Los hermanos huyeron y dejaron caer en la tierra la calabaza; y de sus pedazos brotaron torrentes de agua. Fue tanta que toda la comarca, en muchas leguas a la redonda, se inundó. Sobre aquellas aguas vinieron las nubes de la lluvia. Y todo fue cubierto tanto por el agua de abajo como por el agua de arriba, menos la tierra en que vivimos y unas islas lejanas que están por donde sale el sol.

Acabó de hablar Jacinto Canek y la lluvia siguió cayendo.

2

Pobre del niño Guy. Es el sobrino del dueño de la hacienda y nadie le quiere. Parece tonto. Su familia lo ha enviado al campo para que se asolee, coma cosas fuertes y se divierta.

Esto es lo que dice su familia. En realidad lo han mandado al campo para que no estorbe. Es tan flaco, dice tales cosas, se le ocurren tales simplezas, que su presencia molesta. Sus hermanos han llegado a decir que no es de la familia. Cuando Guy oye esto se le humedecen los ojos, pero entonces no dice nada. En la hacienda estará bien, dijeron sus tías: unas mujeronas altas y secas; las más estiradas de la casa, siempre pendientes de que la consola esté limpia, los candelabros luzcan tersos y las flores tengan agua.

Lo trajeron y lo abandonaron. Lleva un mes de soledad. Canek es su amigo; le ha regalado un caracol marino y con él se entretiene horas y horas. Se lo pone en las orejas y se queda absorto, con los ojos grandes, luminosos, húmedos. Su alma se va por los caminos invisibles del viento y del mar. Entonces con sus dedos débiles, en la tierra roja, escribe unas palabras raras que Canek no se atreve a borrar.

3

Llegó a la hacienda doña Charo, una de las tías de Guy. Llegó remilgosa y asmática. Se pasaba el día sentada en el estrado tomando té y pastillas de menta. De pronto corrió desolada, en aspas las manos, apechugado el corpiño, arremangada la falda y se refugió en la sala. Cien veces dijo que no quería ver más indios; y menos a uno que estaba ahí, horrible, enjuto, como piedra rota. Al decir horrible se cubría la cara; se santiguaba y musitaba:

—Tiene las manos sarmentosas; los ojos hinchados; los pies llagados y la piel agrietada.

Canek le dijo:

—Niña, es que trabajan en los hornos de cal; en los secadores de tabaco, en las ciénagas y en las salinas.

Ni Canek ni nadie sabe quién es ni de dónde viene Exa.

4

Ni Canek ni nadie sabe quién es ni de dónde viene Exa. Una mañana apareció correteando entre los cerditos. Tenía la cara llena de tizne y las manos sucias. Al mediodía se le vio acarrear agua para los bebederos del corral. Hasta esparció en ellos manojos de azahares. Sonreía. Por la tarde, como no tenía qué hacer en el campo, se sentó junto a las indias en la cocina y se puso a desgranar maíz. Llenó su delantal de granos amarillos, blancos, negros, morados y azules. Los levantaba entre sus dedos y sonreía. Por la noche se acurrucó en un rincón de la despensa. Al día siguiente renovó sus tareas; correteó entre los cerditos, acarreó agua y desgranó maíz. Sólo hubo una variante: comió una tortilla untada de manteca que le dio Guy.

5

El Padre Matías decía misa por las tardes. Además, todas sus misas eran con sermón. En los sermones no hablaba de la doctrina ni de los milagros; prefería explicar cosas relativas a la justicia de los hombres. La iglesia donde oficiaba se llenaba de gente; es decir, de indios. Los ricos se quedaban en casa, murmurando. A los que le llamaban la atención por su conducta contestaba:

—Has de saber que para esto tengo permiso del señor Obispo.

Las limosnas que recogía para el culto las repartía entre los indios.

A los que le pedían explicaciones por esto, decía:

—Has de saber que el Padre Matías le dio permiso al Padre Matías para hacer la caridad del mejor modo posible.

6

En la cocina de la tía Micaela hubo tertulia con motivo de la llegada de las lluvias orientales. Se juntaron cerca del fogón los amigos viejos: Ramón Balam, Domingo Canché, el nieto del difunto Juan José Hoil, Guy y Jacinto Canek. Exa atizaba el fogón donde se cocía el nixtamal. Hablaron poco. La tía Micaela dijo:

—Estas lluvias tempraneras anuncian larga sequía. Hay que llenar los aljibes y echar en ellos carbones encendidos para que se mueran las sabandijas del aire.

Después se levantó y deslió en unas jícaras bollos de pozole endulzado con miel. Llovía, y el agua, a borbotones, iba por las acequias del patio.

La Intimidad

... y sucedió que incontables gracias
nacieran de una piedra de gracia.

Del *Libro de los espíritus mayas*

1

La tía Charo y el niño Guy comen junto a la campana de la cocina. La cocina está llena de humo claro. Comen despacio y casi no hablan. Las tazas de caldo y de chocolate despiden un acre y dulce olor sazonado: como de clavo y almendras quemadas. La tía Charo, sin levantar los ojos, rezongó:

—De veras que eres tonto. Prefieres las verduras a la carne de venado.

Por la ventana uno de los venaditos domesticados del corral miraba la escena con los ojos húmedos. Canek y Exa acariciaban la frente moza, casi niña, del venadito.

La tía Charo insistía:

—De veras que eres tonto, tonto.

2

La tía Charo dijo a Canek:

—Jacinto, busca a Guy. Hace media hora que fue a la troje por un poco de maíz.

—Aquí estoy, tía —contestó Guy.

—De aquí a la troje, muchacho, sólo hay diez pasos.

—De día sí; pero de noche, tía, lo menos hay veinte.

La tía Charo se encogió de hombros. Canek subió la mecha del candil.

3

—Tía Charo —dijo Guy a tiempo de que entraba en la casa—, acabo de ver a la Xtabay.

—No digas tonterías, niño. La Xtabay es un engaño de los indios.

Guy añadió:

—La vi en el camino, detrás de la ceiba que está junto a la noria. Es como una niña alta, pálida y rubia. Parece encendida por dentro. Sus ojos son claros, como el agua, y su boca parece una granada rota.

La tía Charo miró hacia la ventana y dio un grito. Canek limpiaba una mancha de sangre que escurría por el marco de la ventana.

4

En la hacienda sólo la tía Charo y sus invitados beben agua de lluvia, refrescada en tinajas de barro. Los indios beben el agua calcárea de los pozos, cuajada de alimañas.

Bajo el soportal de la casa principal Canek dormía la siesta. El niño Guy se acerca a él con una jícara, y le dice:

—No tengo sed; Jacinto, bebe.

Y Canek bebió, en silencio, aquella aurora desleída.

5

Canek y el niño Guy están de buen humor y juegan inocentes. Canek ha hecho, con un pañuelo blanco, un conejito. El conejito mueve las orejas, retoza y se duerme entre sus manos. De pronto se incomoda, salta y se va corriendo y desaparece, feliz, bajo la sombra de los árboles. Guy se queda con sus hermosos ojos verdes abiertos y se sonríe.

6

Jacinto Canek está de buen humor. Al caer la tarde se ha sentado junto a la noria de la hacienda. Le acompañan los amigos viejos: Domingo Canché, Ramón Balam y el niño Guy. El rumor del agua que camina por los canales lleva perfume de sombra. Sobre el agua se deshacen los azahares de un camino de limoneros. Canek empieza a hablar:

—¿Quién me dice cuáles son los agujeros por donde gritan las cañas?

Los amigos se rieron.

—¿Quién me dice qué es lo que está torcido en tres ramales?

Los amigos se miraron.

—¿Quién me dice qué significan dos piedras verdes y una cruz alzada?

Los amigos se encogieron de hombros.

Canek frunció el ceño y sonriendo les dijo:

—Tontos. Todo es claro: son los agujeros de la flauta; se dice de la iguana y se piensa de los ojos del hombre.

7

En la hacienda aconteció una casi tragedia que participó de lo doméstico y de lo celeste. La tía Charo quedó medio difunta por la ira que se le metió dentro del cuerpo. Se le encendieron los pellejos de la cara y se le entumecieron las manos. Le dio un desmayo.

La cosa fue así: Guy, fiel intérprete de la fe religiosa de su tía, dio lugar al estrago. En mala hora se le ocurrió llevar, al granero, la estampa de San Bonifacio con la intención de que ejerciera su poder en la plaga de los ratones.

Pero sucedió que los ratones o estaban en rebeldía o pasaban por un periodo de ateísmo; el caso fue que acabaron hasta con las migajas inocentes de San Bonifacio. Lo royeron de la calva a los pies. De ahí la sagrada ira de la tía Charo.

En un momento de tranquilidad, Canek, mirando de reojo al niño Guy, se atrevió a explicarle aquel suceso.

—Cálmese, niña Charo, cálmese, porque bien pudiera darse el caso de que la estampa no estuviera bendecida y entonces no sólo no ejerció su poder, sino que dio ocasión para que los roedores, advertidos de la impunidad de que podían gozar, tomaran entonces venganza por todos los males recibidos.

8

Canek y Guy salieron de caza. Canek llevaba el arco y Guy las flechas. Se dirigieron a las madrigueras de los conejos. Caminaron por el monte y avanzaron hacia un descampado pedregoso. Las madrigueras estaban ahí. Canek pidió las flechas, y Guy, tímido, con sus ojos dulces, como de conejo, mostró el morral vacío. Canek no dijo nada y los dos regresaron silbando.

9

Tumbado sobre la tierra, Guy mira pasar las nubes. Hace horas que está ahí, absorto en el viaje de las nubes. Canek le acompaña y le sonríe con sonrisa buena, como lavada.

Habla Guy:

—Mira las nubes, Jacinto. Dentro de ellas viven los fantasmas. Cuando los fantasmas estan dormidos, las nubes son blancas; vuelan despacito, despacito para no despertarlos. Los mecen con suavidad y los llevan muy lejos. Cuando los fantasmas despiertan, las nubes se vuelven grises y se agazapan en el horizonte. Cuando los fantasmas se enfurecen, entonces las nubes se tornan negras, se agrietan y estallan.

Canek preguntó:

—¿Y nunca salen los fantasmas de las nubes?

—Cuando salen de las nubes, las nubes desaparecen.

—¿Entonces qué son las nubes?

Tumbado sobre la tierra, Guy mira pasar las nubes.

—Las nubes, Jacinto, son la sombra de los fantasmas.

Canek sonrió con sonrisa buena, como de imagen.

Arriba caminaban las nubes blancas. Dormían los fantasmas.

10

El sol se deslíe en viento de brasa.

—Niño Guy —dijo Canek—, ni una nube. Si no llueve pronto, se perderán las cosechas.

Al día siguiente Guy encendió una hoguera y con ímpetu se puso a soplar con su boca y a aventar con las manos las columnas de humo que subían.

Canek le preguntó:

—¿Qué haces?

—Nubes, Jacinto, nubes.

11

Los dos llegaron cojeando: Guy y el perrito más dócil que había nacido en el patio. Guy tenía una pierna vendada y el perrito una de las patitas envuelta en trapos. Los dos caminaban a saltos. El perrito gruñía, tal vez de dolor, y meneaba la cola, tal vez de agradecimiento.

—Nos caímos, Jacinto.

—Ya lo veo, niño Guy.

—Al perrito se le torció una patita. Ya se la compuse.

—¿Y tú?

—Acércate. No se lo digas a nadie. Yo no tengo nada. Me vendé sólo para consolarlo.

12

Junto al brocal del pozo se trenzó la gritería de los peones. Se había roto la soga con que se sacaba agua y el cubo se fue al fondo del pozo. No era posible perderlo; una y otra vez echaron el garabato. Sus ganchos removían el limo, se trababan en los yerbajos, y el cubo no salía. Era un cubo labrado, de madera negra. Lo notaría el amo. Los peones arriaron hasta el fondo a Canek. Su voz se oía velada, como si saliera de las entrañas de la tierra.

Cuando Canek salió dijo:

—Desde el fondo se ven las estrellas.

13

Guy dijo a Canek:

—Oye, Jacinto, se fue el cubo al fondo del pozo.

—¿Otra vez?

—Yo bajo por ti.

—¿Tú?

—También yo quiero ver las estrellas.

14

Guy preguntó a Canek.

—¿De dónde viene, Jacinto, el polvo que se pega en las ventanas, en las imágenes, en los libros y en los retratos?

Canek contestó:

—Como todo lo de la vida, niño Guy, viene de la tierra.

Guy replicó:

—No lo creo, Jacinto. El polvo que se pega en las ventanas, en las imágenes, en los libros y en la tela de los retratos, no viene de la tierra. Viene del viento. Es el viento mismo que muere de cansancio y de sed en el rincón de las cosas íntimas.

15

El niño Guy no pudo entenderse con Patricio, el nieto de Juan José Hoil. Guy hablaba español y Patricio, maya. Ariscos, encogidos, los dos rapaces se internaron en la milpa. De pronto una víbora pasó junto a ellos; y entonces, sin advertirlo, se dieron la mano.

Canek mató a la víbora.

16

Canek habló a Guy:

—Mira el cielo; cuenta las estrellas.

—No se pueden contar.

Canek volvió a decir:

—Mira la tierra; cuenta los granos de arena.

—No se pueden contar.

Canek dijo entonces:

—Aunque no se conozca, existe el número de las estrellas y el número de los granos de arena. Pero lo que existe y no se puede contar y se siente aquí dentro, exige una palabra para decirlo. Esta palabra, en este caso, sería inmensidad. Es como una palabra húmeda de misterio. Con ella no se necesita contar ni las estrellas ni los granos de arena. Hemos cambiado el conocimiento por la emoción: que es también una manera de penetrar en la verdad de las cosas.

17

Al caer la tarde, Jacinto y Guy salieron del pueblo. Tomaron el camino antiguo, rumbo de Xinum, donde solían reunirse los señores de la antigua tierra maya rebelde. Por instantes se oscurecía el campo. De pronto, apareció el pájaro que guardaba los caminos y al que los indios llaman Pujuy. Saltaba delante de ellos como si fuera gente de razón y conociera la flaqueza de los hombres.

—En buena hora, niño Guy, nos acompaña el pájaro Pujuy. Hay que seguir adelante, vencer el cansancio, el miedo y el deseo. La fatiga disfraza sus intenciones. La fatiga es sueño, curiosidad y desgano en los caminantes. Abre bien los ojos, hijo, y sigue al pájaro Pujuy. Él no se equivoca. Su destino es como el nuestro: caminar para que otros no se pierdan.

18

Canek dijo:

—Guy, descúbrete y besa la tierra. Debajo de ella está el cuerpo de Juan José Hoil. Aquí en Chumayel vivió un tiempo. Fue sabio en las artes de la escritura. De sus abuelos heredó experiencias y noticias de la historia. Todo lo escribió en un libro que está guardado, con aldaba de hierro, en cofre de jabín. Un día podrás leerlo y conocerás el secreto de sus palabras. Serás cauto en su declaración porque todo lo dijo con alegorías, temeroso de los blancos. Así hemos tenido que guardar nuestro espíritu para que no lo destruyan los que han dejado que la avaricia enturbie sus ojos.

19

En otro lugar Canek se arrodilló y besó la tierra. Guy le preguntó:

—¿Por qué haces eso?

Canek contestó:

—Aquí estuvo enterrado Nachi Cocom que murió acosado por la crueldad de los blancos. Sobre su tumba, en el silencio de la noche, se oye el trueno de su voz.

Guy dijo:

—Yo no lo oigo.

Canek añadió:

—Porque eres bueno.

20

Una de las flores del jardín, aquella que más había cuidado la madre de Guy, empezó a secarse y marchitarse. Una mañana amaneció muerta. La tía Charo la arrancó y la tiró junto al camino. Guy la recogió y la guardó dentro de una cajita de madera; y, sin decir palabra, la enterró en un rincón del patio. Sobre la tierra puso una cruz y le dijo a Canek que la regara.

La tía Charo arrancó la cruz, pisoteó la tumba y dijo que eso era cosa de herejía.

21

El tío Ramón, que vivía en un rancho lejano, llegó un día de visita a la hacienda. A Guy le regaló una tortolita. La tortolita era dulce y sumisa. Comía en la mano y obedecía si se le mandaba algo. Guy acabó por consentirla tanto que la dejaba dormir en su propio cuarto. Pero la tortolita, sin que nadie supiera por qué, un día se enfermó. Se puso triste, dejó de comer, bajó las alas, dobló la cabecita y se quedó muerta. Guy la lloró.

Cuando supo esto el tío Ramón, trajo a Guy otra tortolita. Guy la miró, la besó y la devolvió a su tío diciendo:

—Tío, quiero pedirte un favor.

—Dime.

—No vas a querer.

—Dime.

—Mira: te la llevas y mañana me la vuelves y me dices que es la misma que me trajiste cuando llegaste al rancho. Me dices, además, que no fue cierto que murió.

La tía Charo le dijo al tío Ramón:

—Si haces lo que este bobo quiere, pensaré que eras más bobo que él.

Canek añadió:

—Hágalo, don Ramón.

22

La tía Charo olió la carne que trajeron del mercado e hizo un gesto de repugnancia. En seguida comentó:

—Es una lástima. Se la daremos a la criada para que la coma.

Guy oyó el acuerdo y no dijo nada. Se acercó a la cocina y pidió un pedazo de aquella carne. La tía Charo le sorprendió comiéndola:

—Miren al niño melindroso; quitándole la comida a los criados. ¡Hipócrita!

Canek comió también de la misma carne.

23

Todas las mañanas la tía Charo se disgustaba porque los criados no se levantaban cuando salía el sol.

—Holgazanes —decía y repetía.

La tía Charo y el niño Guy comen cerca de la campana.

El sol entraba, desde temprano, por la ventana de la tía Charo. Con su luz dejaba la cama y se disponía en seguida a empezar sus quehaceres. Su más rudo quehacer era arrear a los criados. Guy trataba siempre de excusarlos.

—Tía, recuerda que anoche se acostaron después de las doce.

—Flojos que son.

La tía Charo se puso mala. El médico aconsejó reposo; y Guy puso una manta oscura en los postigos de la ventana.

—Así el sol no entrará muy temprano y descansarás mejor, tía.

La tía Charo hizo un cariño a Guy y discurrió:

—Realmente no eres tan malo.

La tía Charo ya no volvió a gritar a los criados para que se levantaran con el sol. Cuando la tía Charo salía de su cuarto ya había amanecido. Comentaba siempre:

—Malditos: el bullicio de ustedes me despierta.

Canek empezó a andar descalzo.

24

La tía Charo dijo a Guy:

—Eres hijo de tu padre. No tienes, como él, ningún sentido. Sólo falta que también seas borracho. Ya lo serás, sin duda, cuando crezcas. Hasta es posible que llegues a escribir esas cosas que él hacía y que llamaba versos.

25

Ya se habían acostado los de la casa cuando Canek, de puntitas, temeroso, vino a buscar al niño Guy. Lo abrazó; y con su delantal le limpió los ojos.

26

Canek acostó al niño Guy y lo cubrió con una manta de algodón.

—¿Quieres un poco de leche? —le dijo.

—No. Hasta mañana —contestó el niño Guy.

Al poco rato Canek volvió con un vaso de leche recién ordeñada. Guy la bebió; y, con el dorso de la mano, se limpió el hocico. En seguida preguntó:

—¿No tuviste miedo, ahí en el corral?

—Ha salido la luna, niño. Duérmete.

27

Desde la ventana de su casa, el niño Guy habla con los chicos de la hacienda que han venido a verlo. Guy les cuenta algo que tiene a todos con la boca abierta. Les dice así:

—Entonces mi papá, al ver que los lagartos se salían del río y que aquellos indios no podían huir porque estaban amarrados a unos árboles, abandonó su caballo y avanzó. No llevaba armas; ni siquiera un machete. Los indios empezaron a gritar, desesperados. Iban a morir. Ya se oían sobre las piedras las pisadas de los lagartos. En un instante mi papá se trepó a un cocotero. Arrancó un coco y lo tiró al lagarto que estaba más cerca. Éste quedó aturdido. Luego tiró otro contra el lagarto que lo seguía. Luego otro contra el que estaba detrás. Luego otro. Los lagartos se revolcaban en su sangre. Estaban ciegos, se atropellaban y caían. Los indios se salvaron. Entonces mi papá bajó de la mata de coco y desató a los indios.

Pero en ese momento, la tía Charo, asomando la cabeza por el postigo, preguntó:

—¿De dónde has sacado tantas mentiras?

Canek contestó:

—No son mentiras, señora, todavía se ven en aquel lugar las huellas de los lagartos que murieron.

28

Guy recibe la visita de uno de sus hermanos. Es mayor que él, se llama Gonzalo y viste como un señorito. Es lo que se llama un niño bueno. Cuando por descuido llega a hacer algo malo, él mismo se acusa; y si la tía Charo lo regaña, llora como debe llorar: compungido y humilde. Llora sin hacer ruido, tapándose la cara con las manos o metiendo la cabeza en el rincón de la sala. Cuando se considera que ha llorado bastante, la tía Charo lo llama, le da unas palmaditas en el hombro y le dice:

—Ya, ya; basta, vete y que no se repita.

O bien:

—Anda, toma, cómprate dulces.

Sólo Guy sabe que estas escenas se repiten cada vez que su hermano, el señorito Gonzalo, quiere comprar dulces.

29

También recibe la visita de su hermana Carmen. Carmen es una niña dulce. Soporta, sin quejarse, el mal carácter de la tía Charo. Todo lo resuelve con dos palabras; para todo contesta:

—Sí, tía.

No quiere mal a Guy; aunque sabe que no son fáciles de sobrellevar sus ocurrencias. De unas se ríe y de otras se muestra apesadumbrada. Entonces parece que dice:

—Así será.

O bien:

—Tú lo dices.

Un día preguntó a Guy:

—Dime, ¿cómo era mamá?

Guy le respondió:

—Tú sabes que no te lo puedo explicar.

Pero luego, de pronto, añadió:

—Mira, cuando llores por algo, procura mirar a través de tus lágrimas. Estoy seguro de que ahí está mamá; ahí la podrás ver.

Carmen le dijo, después:

—Entonces, ¿por eso lloras tú?

30

Hoy es el primer día de la feria del Santo Cristo de las Ampollas. Con solemnidad entra el gremio de albañiles. Se han suspendido los trabajos de albañilería. Ningún maestro albañil y ningún peón de albañil trabajará hoy. En lo alto de las construcciones han puesto cruces adornadas con ramas.

Toda la chiquillería se reúne en el atrio de la Parroquia. Ahí queman fuegos artificiales; ahí gritan y corren. Sobre todo corren. Ahora, más que nunca, porque acaba de salir de la casa del señor sacristán un toro de fuego. Viene loco y echa luces como un demonio. Le relumbran los ojos; le estallan los cuernos; se le encienden las patas y se le eriza de chispas la cola. ¡Qué cola la suya, larga, larga como de cometa! Guy y Canek miran la fiesta desde la azotea de la casa.

31

El niño Guy se ha visto en el espejo de su tía Charo. Se ha visto y ha notado que le empieza a salir el vello. Un bozo leve, tierno, casi invisible, como si fuera una pelusita. Al pasarse la mano sobre él, se le han encendido, sin querer, las mejillas. Luego ha sonreído.

Ese mismo día, por la tarde, al sentarse a la mesa, el niño Guy se presentó con unos bigotes pintados con tizne. Todos rieron la ocurrencia. La tía Charo dijo sentenciosa:

—Miren al presumido. No tiene ni tierra en los labios y se pinta bigotes.

El niño Guy, orgulloso, se retorcía, altivo, los imaginarios bigotes que se había pintado.

Sólo Canek sabía la verdad.

32

Había empezado un eclipse de luna. Los criados de la tía Charo gritaban:

—¡Se comen a la luna! ¡Se comen a la luna!

Sentados en el borde de la noria veían, atónitos, cómo iba desapareciendo la luna. Con unos palos empezaron a golpear sobre la madera de las bateas y sobre el metal de los calderos. Había que hacer todo el ruido posible a fin de que la luna no fuera devorada. Nadie podía contenerlos en esta locura bulliciosa. Por momentos aumentaba la oscuridad del cielo. A medida que pasaba el tiempo, una especie como de furor se apoderaba de aquella gente. Estaban ya como poseídos de un raro y antiguo terror. Entre ellos el niño Guy y Canek gritaban también:

—¡Se comen a la luna! ¡Se comen a la luna!

Desde su cuarto, la tía Charo rezongaba y maldecía.

Pero cuando la luna quedó completamente cubierta de sombra, y los ruidos y los gritos y el canto de los gallos y el ladrido de los perros anudaron de miedo la garganta de todos, entonces fue la tía Charo quien, con voz ahogada se puso a gritar:

—¡Se comen a la luna! ¡Se comen a la luna!

Con las manos golpeaba, con fuerza, sobre los barrotes de su ventana.

33

Anochecía en la milpa. Guy se detuvo y dijo:

—¿Oíste?

—Es el pájaro Pis —contestó Canek—. Su voz es igual a su nombre. Dicen que inventó el silencio. Dicen que lo hizo con su voz. También dicen que cuando ve que es mucho lo deshace con su voz. Y después, inquieto, lo vuelve a hacer. Lo vuelve a hacer con su voz. Y así siempre.

34

Han pasado los días y ni Canek ni la tía Micaela saben quién es ni de dónde vino la niña Exa, pero ya la quieren como se quiere a esas tortolitas que llegan y, mansas, como manojos de brisa, se duermen entre la sombra de los árboles.

35

Guy dijo a Exa:

—Si no comes esta tortilla, no te llevo donde están mis conejos.

—¿Cuántos son?

Guy le mostró una mano. Exa empezó a comer, pero con disimulo, entre su falda, guardó cinco pedazos.

36

Bajo la noche poblada de luceros, junto a los maizales, se han recostado, en silencio, Guy y Exa.

Canek sonreía sin mirarlos.

37

Guy quiso guardar entre sus manos los colores del iris que forman un hermoso cristal. En la sombra los colores desaparecían.

—Jacinto —dijo a Canek—, le prometí a Exa un regalo. Pero me parece que es un regalo imposible.

—Nada es imposible, niño Guy, cuando el corazón es limpio.

Guy volvió a mirar, bajo el sol, los colores del iris. Se quedó mirándolos con tanta emoción que sobre ellos cayeron sus lágrimas. Entre las manos de Guy quedaron prisioneros, lúcidos, los colores del iris y Exa tuvo su regalo.

38

Guy se limpió una lágrima; Canek preguntó:

—¿Exa?

Canek puso una mano sobre el pecho de Guy.

Guy dijo:

—Exa.

Y Exa se fue como vino: en manos del viento.

39

Al volver del patio, el niño Guy preguntó a Canek:

—¿Verdad que no hay frío, Jacinto?

—Anoche sentí frío, niño Guy.

—Pues yo desperté dos veces y sudaba.

Al día siguiente, al volver del corral, volvió a preguntar:

—¿Sentiste frío anoche, Jacinto?

—Más que anoche, niño Guy.

—Pues anoche dormí sin cobijas y sudé a mares.

Al día siguiente el venadito recién nacido durmió bajo las cobijas del niño Guy.

40

Desde que bajó el sol, el niño Guy salió al patio y se sentó en el brocal del pozo. Hablaba y esperaba que su voz cayera al fondo; entonces se complacía en oír el eco que volvía a él, húmedo, como desleído en la sombra, como acariciado por la distancia.

Canek decía que el niño Guy iba mejorando mucho de salud. Las tías de Guy opinaban lo contrario.

41

Cuando Guy regresó del campo se dobló como espiga y se quedó dormido. Canek lo acostó sobre la yerba; se sentó a su lado y veló su sueño. Bajo la sombra de sus manos, Canek sintió que realmente descansaba. Sin hablarle, en la paz de sus ojos cerrados, leyó el mensaje bueno que vivía en su espíritu.

42

Guy no puede dormir. La noche es ácida y los vientos del sur caen pesados sobre la tierra calcinada mientras un polvo amarillo entenebrece los luceros. Guy no deja de toser. A veces sonríe apoyando su cabeza en las manos de Canek. Canek le cuenta cuentos viejos.

43

Apenas amaneció, el niño Guy pidió agua. Había pasado la noche con angustias y sudores. Canek tomó la jarra de agua serenada y se la dio.

Guy bebió con ansia casi dolorosa. Después preguntó:

—¿Por qué es tan buena el agua serenada, Jacinto?

—Porque está llena de la luz de los luceros. Y la luz de los luceros es dulce.

44

—¿Es cierto, Jacinto, que los niños que se mueren se convierten en pájaros?

—No sé, niño Guy.

—¿Es cierto, Jacinto, que los niños que se mueren se vuelven flores?

—No sé, niño Guy.

—¿Es cierto, Jacinto, que los niños que se mueren van al cielo?

—No sé, niño Guy.

—Entonces, Jacinto, ¿dime qué les pasa a los niños que se mueren?

—Los niños que se mueren, niño Guy, despiertan.

45

Amaneció muerto el niño Guy. Nadie lo vio morir. Entre los pliegues de su hamaca parecía dormido. Tenía en los labios, pálidos, finísimos, una leve sonrisa también dormida. Canek, sin hacer ruido, lloraba en un rincón como un niño.

La tía Charo se acercó, le tocó el hombro y le dijo:

—Jacinto, si tú no eres de esa familia, ¿por qué lloras?

46

Canek recordó lo que Guy había escrito en la arena:

"Mamá: quisiera ser el huésped de tus ojos".

47

La muerte de Guy y la desaparición de Exa han entristecido el corazón de Canek. Le brilla una lumbre negra en los ojos. Pasa las horas sentado en el pretil de la noria. Junto a él tiene un cayado que no necesita. A veces se levanta y pasea por la zanja. Es como si ensayara un viaje. A veces habla. Es como si ensayara una oración. A veces alza los brazos. Es como si mandara.

La Doctrina

El que haya entendido podrá alcanzar el principado de los pueblos.

Del *Libro de las pruebas de los mayas*

1

Canek dijo:

—Hoy día los blancos celebran la fiesta de la fundación de su ciudad edificada entre los cerros de la antigua T-Hó. Nosotros debemos recordar también las historias de nuestras ciudades ocultas. Así debemos recordar, en la intimidad de nuestro corazón, que cuando vino el tiempo bueno fue revelado el misterio de la ciudad de Chichén Itzá, abandonada después de muchos soles.

2

Canek dijo:

—Los hombres blancos no saben de la tierra ni del mar ni del viento de estos lugares. ¿Qué saben ellos si noviembre es bueno para quebrar los maizales? ¿Qué saben si los peces ovan en octubre y las tortugas en marzo? ¿Qué saben si en febrero hay que librar a los hijos y a las cosas buenas de los vientos del sur? Ellos gozan, sin embargo, de todo lo que producen la tierra, el mar y el viento de estos lugares. Ahora nos toca entender cómo y en qué tiempo debemos de librarnos de este mal.

3

Canek dijo:

—Los blancos hicieron que estas tierras fueran extranjeras para el indio; hicieron que el indio comprara con su sangre el viento que respira. Por esto va el indio, por los caminos que no tienen fin, seguro de que la meta, la única meta posible, la que le libra y le permite encontrar la huella perdida, está donde está la muerte.

4

Canek dijo:

—Es bueno saber cuán diferente es la necesidad del indio y la necesidad del blanco. Al indio le basta para su sustento un cuartillo de maíz; al blanco no le basta una medida. Se debe esto a que el indio come y bendice su tranquilidad, mientras el blanco come y, desasosegado, guarda todo lo que puede para mañana. El blanco no sabe que una jícara no lleva más agua que el agua que señalan sus bordes; la demás se derrama y se desperdicia.

5

Canek dijo:

—Si te fijas puedes conocer la naturaleza y la intención de todos los caminantes que pasan por aquí. El blanco parece que marcha; el indio parece que duerme. El blanco husmea; el indio respira. El blanco avanza; el indio se aleja. El blanco quiere poder; el indio, descanso.

6

Canek dijo:

—Nosotros somos la tierra; ellos son el viento. En nosotros maduran las semillas; en ellos se orean las ramas. Nosotros alimentamos las raíces; ellos alimentan las hojas. Bajo nuestras plantas caminan las aguas de los cenotes, olorosas a las manos de las vírgenes muertas. Sobre ellas se despeñan las voces de los guerreros que las ganaron. Nosotros somos la tierra. Ellos son el viento.

7

Canek dijo:

—El futuro de estas tierras depende de la unión de aquello que está dormido en nuestras manos y, también, de aquello que está despierto en las de ellos. Mira a ese niño: tiene sangre india y cara española. Míralo bien: fíjate que habla maya y escribe castellano. En él viven las voces que se dicen y las palabras que se escriben. No es ni de la tierra ni del viento. En él, la razón y el sentimiento se trenzan. No es de abajo ni de arriba. Está donde debe estar. Es como el eco que funde con nuevo nombre, en la altura del espíritu, las voces que se dicen y las voces que se callan.

El futuro de estas tierras depende de la unión de aquello que está dormido en nuestras manos y... despierto en las de ellos.

8

Canek dijo:

—Los señores son rojos. Ellos dicen que son blancos. Los señores son rojos. Son rojos como la mancha del Oriente que los trajo; como el fuego que brota de sus manos; como el oro que se enciende y se arisca en sus barbas; como la palabra que estalla en sus bocas; como las llagas de sus dioses; y como el grito de las vírgenes que desgarran, sin advertir que son avecillas ciegas. Los señores son rojos.

9

Canek dijo:

—Todo depende del lugar que el hombre ocupa en la tierra. Las discordias y los aciertos de los hombres se explican si recordamos cuál es el lugar que tienen cerca de la tierra. Así vemos que los indios viven al lado de la tierra. Duermen en paz sobre el pecho de la tierra, conocen sus voces y sienten el calor de sus entrañas. Perciben el olor de la tierra, olor que enriquece los caminos. Los blancos han olvidado lo que es la tierra. Pasan sobre ella aplastando y atropellando la gracia de sus rosas. Son el viento que se quiebra y salta sobre el rostro de las piedras.

10

Canek dijo:

—Todo depende del espíritu. Hay hombres de espíritu elevado e impaciente. Para ellos una mañana es ya el principio de una tarde. Hay hombres de espíritu lento y suave, como dormido. Para ellos una tarde es apenas la continuidad de una mañana. También hay hombres de espíritu recio y fuerte, bien despiertos, para quienes todas las horas están llenas del día. Para ellos se hizo, justo, el descanso de la noche.

11

Canek dijo:

—Una misma comida puede tener diferente significado entre los hombres. Un puñado de maíz, por ejemplo, para el blanco es lujo; para el indio es necesidad. El blanco hace de él un manjar; el indio lo convierte en pan.

12

Canek dijo:

—Piensa que en los tiempos que corren, en estas tierras de Yucatán, existen ciudades que no se ven. En las que se ven viven los blancos. Son ciudades de guerra y de escándalo. Huye de su engaño. Si caes en ellas renegarás de los tuyos, de tu nombre, y vivirás con holgura de maldad. En las ciudades que no se ven, pero que existen, nadie sabe dónde, viven los que fueron y los hombres que han merecido licencia para franquear sus puertas.

13

Canek dijo:

—No preguntes por los que se van y no vuelven. Es cierto que algunos vuelven pero no saben que han vuelto. Si les miras en los ojos verás que tienen una como alucinación oculta vertida en lo profundo. Viven como ensoñados. Merecen nuestra simpatía porque poseen el espíritu de lo que fue y saben de la vida ciega de los hombres de aquí.

14

Canek dijo:

—¿Por qué nos enseñan a querer a un dios que permite que los blancos nos peguen y nos maten? ¿Por qué hemos de cantar de rodillas un canto de contrición que no sentimos? No lo digamos más porque, aun diciéndolo con los labios, cometemos falta en nuestro espíritu.

15

Canek dijo:

—¿Cuál es la diferencia que separa al hombre del bruto? Unos dicen que el alma, pero esto es parecer de los orgullosos; otros dicen que la razón, pero ésta es creencia de los filósofos. Diré que más creo en otra diferencia: la diferencia que más separa al hombre del bruto es la facultad que tiene el primero para reprimir y matar su apetito.

16

Canek dijo:

—Las cosas no vienen ni van. Las cosas no se mueven. Las cosas duermen. Somos nosotros los que vamos a ellas. Por esto la memoria no es un arma del espíritu dispuesta para evocar el pasado. Es más bien una facultad que nos permite, en un instante, ver lo que es, en su esencia, fuera del tiempo. La memoria nos permite subir a un estadio, inexplicable para nuestra conciencia, en el cual todo está presente. Esto que les digo me lo explicaba con razones y palabras buenas mi padrino, que era hombre de mucho saber y de pocos libros. Es cosa que nunca entendí, pero que me agrada recordar aquí dentro de mi corazón.

17

Canek dijo:

—Es verdad: *la palabra nació por sí misma dentro de lo oscuro.* Aquí es necesario declarar el sentido de esta oración. La palabra no es la voz que se dice y se oye. La palabra es cuna del espíritu creador. El espíritu creador que siempre fue, en las tinieblas del tiempo, vio su conciencia, y de ella nació la palabra. Por esto toda palabra debe ser sentida dentro de lo oscuro del pecho para que sea imagen de esta otra que nació del ser, espejo de sí mismo.

18

Canek dijo:

—Cuando vino la *palabra,* no vino sola; vino acompañada de su eco derramado en el espacio de la tierra. Y la palabra y su eco crearon todas las cosas: desde las cosas mínimas de aquí abajo hasta las cosas infinitas de allá arriba. En el tiempo, se juntaron el gusano, el hombre y la estrella. Y se vio que los tres seres tenían luz que era emanación de lo profundo puesto en ellos. Esto, pocos lo saben, y casi ninguno lo siente. ¡Dichoso de aquel que, al menos, adivina este misterio!

19

Canek dijo:

—Los dioses nacen cuando los hombres mueren. Mientras los hombres se tuvieron confianza no hubo necesidad de dioses; los hombres podían confiar su corazón y su mente a los otros hombres; podían decir sin miedo su palabra a los otros hombres. Pero cuando los hombres se ocultaron de los hombres para comer la fruta que a todos dio el campo; cuando los hombres acecharon a los hombres por gusto de la mujer; cuando los hombres hicieron secreto de la oración que se dice en público, entonces nacieron los dioses. Por eso los dioses son tanto más poderosos, más crueles y más lejanos, cuanto mayor es la desconfianza que separa a los hombres de los hombres.

20

Canek dijo:

—No se ha de olvidar lo que se lee en la crónica que escribió un señor antiguo que se llamaba Nabuk Pech. En ella se explica cómo los blancos buscaron en el norte hombres que les sirvieran como esclavos. Fue así porque, en aquellos parajes, los indios, sin agua, sin tierra ni animales, perecían de hambre y se daban, llenos de flaqueza de ánimo, al que primero los tomaba. Otra fue la furia que tenían para defenderse los indios del sur, porque aquí encontraban alimento para vivir y para cobrar poder de conciencia. No se diga nunca entonces que aquellos indios eran cobardes, antes se piense que eran muertos que hablaban al borde de las zanjas en que habían de caer. Entiéndase así porque es de justicia entenderlo así.

21

Canek dijo:

—En un libro leí algo acerca de qué cosa era la mayor del mundo. Unos filósofos dijeron que el agua; otros que los montes; otros que el sol, y no sé quiénes que el menosprecio que el hombre podía tener por las riquezas. ¿No les parece mejor —continúo Canek— que lo más grande no es despreciarlas, sino saber hacer buen uso de ellas, para que sus beneficios no se pudran en las manos de los ricos ni se desperdicien en las manos de los incapaces?

22

Canek dijo:

—En los libros se dice lo que es un profeta y también lo que es un poeta. Se dice esto, pero muchos lo han olvidado. Es bueno recordarlo. Es profeta el hombre que puede mirar el rostro de Dios; en su resplandor aprende a distinguir la verdad de la mentira. Por esto le es dable hablar de lo que ha de suceder en el tiempo. Es poeta el hombre que recibe en su rostro la mirada de Dios, por eso les es dable distinguir la belleza de la fealdad. Los profetas tuvieron permiso para guiar a los hombres que vendrán. Los poetas tienen licencia para guiar a los hombres que son. Unos y otros, cuando tienen conciencia del dolor, hacen el bien.

23

Canek dijo:

—En un libro leí que allá por los tiempos viejos los señores quisieron juntar ejércitos para defender las tierras que gobernaban. Primero convocaron a los hombres más crueles porque suponían que éstos estaban familiarizados con la sangre; y así concertaron sus ejércitos entre la gente de las prisiones y de los rastros. Pero a poco sucedió que cuando esta gente se vio frente al enemigo, empalidecieron y arrojaron las armas. Pensaron entonces en los más fuertes: en los canteros y en los mineros. A éstos les dieron armaduras y armas pesadas. De este modo, fueron despachados para pelear. Mas sucedió que la sola presencia del contrario puso flaqueza en sus brazos y desmayo en sus corazones. Acudieron después, con buen consejo, a los que, sin ser sanguinarios ni fuertes, fueran de coraje y tuvieran algo que defender en justicia: tales como la tierra en que trabajan, la mujer con que duermen y los hijos con cuyas gracias se recrean. Fue así como, llegada la ocasión, estos hombres lucharon con tanta furia que dispersaron a sus contrarios y para siempre se vieron libres de sus amenazas y discordias. Y así pienso y digo que entre nosotros sucede lo mismo. ¿Cómo quieren los señores blancos que usemos las armas con energía, si las tenemos que usar tan sólo en beneficio de ellos y de sus haciendas y nunca en favor de nuestro espíritu?

24

Canek dijo:

—Hace años leí libros donde se contaba la historia de estas tierras. Los leí con placer y me entretuve en el conocimiento de los sucesos antiguos y en el razonar de la gente que fue. Una vez mi padrino me dijo:

Los libros que lees fueron escritos por los hombres que ganaron estos lugares. Mira con cuidado las razones puestas en sus páginas, porque si te entregas desprevenido, no entenderás la verdad de la tierra sino la verdad de los hombres. Léelos, sin embargo, para que aprendas a odiar la mentira que se dice dentro de los pensamientos de los filósofos y dentro de la oración de los devotos.

—Y así aprendí —concluyó Canek— a leer, no la letra, sino el espíritu de la letra de todas esas historias.

25

Canek dijo:

—Luis de Villalpando, Juan de Albalate, Ángel Maldonado, Lorenzo de Bienvenida, Melchor de Benavente y Juan de Herrera fueron los hombres buenos de San Francisco que llegaron a estas tierras, en épocas remotas, para predicar el bien y desterrar el mal. Lucharon, no contra los indios que los recibieron con alma cándida y les dieron posada en su corazón y en su choza, sino contra el blanco que era duro de entraña y sordo de espíritu. Digamos los nombres de esos hombres buenos, como se dice una oración.

Los indios, en voz baja, repitieron los nombres: Villalpando, Albalate, Maldonado, Bienvenida, Benavente, Herrera.

26

Canek dijo:

—Para el espíritu del hombre vale más un vicio limpio que una virtud sucia. El vicio limpio puede ser una energía rescatable. Hay en él, guardado, un acto de valor. En cambio la virtud sucia supone siempre un ánimo débil. Con seguridad un acto de cobardía.

27

Canek dijo:

—Unos prefieren el ideal: otros la realidad. De esto resulta una discordia que hincha los espíritus. Nunca los hombres concilian sus opiniones. A lo más que llegan es a soñar la realidad o a vivir el ideal. Y la diferencia del apetito subsiste. Pero el hombre de estas tierras debe ser más exigente y más humano; debe querer la mejor realidad, la posible, la que madura y crece en sus manos. Esto será como vivir el ideal de la realidad.

28

Canek dijo:

—Una vez, allá en los años que fueron, enterraron a un niño y a un venado. Los enterraron juntos porque habían vivido como amigos. Cerca del lugar pasaba, en silencio y soledad, un pedazo de río: de esos que ahora caminan, tímidos, debajo de la tierra. Así nació un árbol blanco, verde y tierno, como hecho de plata y lluvia. Debajo de sus ramas las madres oían las voces de sus hijos muertos, y junto a sus raíces los viejos sentían el aliento de sus animales perdidos. Este árbol respiraba dulzura. Los indios le llamaban el árbol bueno de la ceiba.

29

Canek dijo:

—Todos los seres, por el hecho mismo de serlo, tienen atributos, expresiones de su esencia, voces que revelan su origen y condición. El atributo de los seres no es un adorno ni una cualidad que viene de fuera, al acaso. Su atributo es como la emanación del agua que hierve; es agua y no es agua. Así el atributo del mar es el orgullo; el atributo del sol, la autoridad; el atributo del hombre, la dignidad.

30

Canek dijo:

—Nunca te enorgullezcas de los frutos de tu inteligencia. Sólo eres dueño del esfuerzo que pusiste en su cultivo; de lo que logra, nada más eres un espectador. La inteligencia es como un flecha: una vez que se aleja del arco, ya no la gobierna nadie. Su vuelo depende de tu fuerza, pero también del viento y, ¿por qué no decirlo?, del destino que camina detrás de ella.

31

Canek dijo:

—Dicen que el cuerpo es como el armario donde se guarda el alma. Está bien. Sin embargo, a veces, el alma es tan grande que el cuerpo, como grano de anís, se guarda en el alma.

32

Canek dijo:

—Nunca tengas miedo de tus lágrimas. Ningún cobarde llora. Sólo los hombres lloran. Además, hijo, las lágrimas siempre caen de rodillas.

33

Canek dijo:

—En la fe el espíritu descansa, en la razón vive, en el amor goza; sólo en el dolor adquiere conciencia.

34

Canek dijo:

—¿Qué edad tienes?

El indio contestó:

—Cuando nací no había pasado la langosta.

Canek volvió a preguntar:

—¿Cuándo pasó la langosta?

El indio contestó:

—Después de que nací.

35

Canek dijo:

—Zamná se durmió sobre una rosa; Kukulcán se deshizo, como una nube, en el horizonte. El nombre de Zamná lo dice la luna, el de Kukulcán lo dice el sol.

36

Canek dijo:

—Zamná representa el agua; Kukulcán, el viento. Zamná tiene entraña de madre, Kukulcán osadía de padre. Zamná juntó con sus manos el regazo de la tierra; Kukulcán sembró en ella las semillas.

37

Canek dijo:

—Dame tu mano, métela en esta jícara y dime qué sientes.

El indio contestó:

—Frío.

—Es que tocaste la espalda del profeta.

Otra vez, Canek dijo:

—¿Qué sientes?

El indio contestó:

—Caliente.

—Es que tocaste el pecho del profeta.

Y cuando Canek se iba, los hombres se quedaban con la lumbre del espíritu que fue, encendida en sus pupilas.

38

Canek dijo:

—¿Y para qué quieren libertad si no saben ser libres? La libertad no es gracia que se recibe ni derecho que se conquista. La libertad es un estado del espíritu. Cuando se ha creado, entonces se es libre aunque se carezca de libertad. Los hierros y las cárceles no impiden que un hombre sea libre, al contrario: hacen que lo sea más en la entraña de su ser. La libertad del hombre no es como la libertad de los pájaros. La libertad de los pájaros se satisface en el vaivén de una rama; la libertad del hombre se cumple en su conciencia.

39

Canek dijo:

—Y no faltará enemigo que me oiga y viéndome despellejado piense que mis palabras son cosa de loco o de hombre que copia razones caídas. Al tal diré que no sabe conocer el espíritu de esta tierra que mucho tiene aprendido de los astros y mucho más olvidado de los hombres. Y le diré también un verso viejo que cierto día oí decir a mi padrino:

No vale el azor menos porque en vil nido siga; ni los ejemplos buenos porque judío los diga.

La Injusticia

Allí estaban cuando llegó San Bernabé,
día de la batalla de T-Hó,
y se supo que los indios
debían morir, porque eran herejes.

Del *Libro de la conquista de los mayas*

1

Cada vez está más triste y más violento el corazón de Canek. Antes hablaba y decía su pensamiento. Ahora casi ha enmudecido; aprieta los puños y se va solo por los caminos de espinas, de piedra y de sol. Le acompaña su sombra. En los ojos de Canek se ha encendido la sangre de los indios. La sombra de Canek es roja.

2

La caravana de las domésticas partió de Izamal y tomó el camino empedrado que descendía hasta la antigua T-Hó. En los bolanes iban las ancianas y a pie caminaban las mozas. Unos jinetes y unas monjitas las custodiaban. Los jinetes maldecían y las monjitas rezaban. Los jinetes y las monjitas arreaban la caravana cuando ésta, cansada, se detenía en el camino.

Canek seguía la caravana y, de vez en vez, repartía entre las indias maíz cocido empapado de miel.

3

Sobre la tarima del matadero dos peones destazaban reses. Escurría por los canales de ladrillo la sangre de las bestias. De pronto los peones, por causa de su intimidad, se revolvieron con fiereza, se acometieron y cubrieron de heridas.

Canek quiso tomarlos a la razón. Un matancero lo apartó diciéndole:

—Déjelos que se acaben. Así hay más sangre y la ganancia aumenta.

4

El mayocol azotó al barbero de la hacienda. Le rajó la piel y sobre sus llagas roció vinagre. Después se tumbó como una bestia mansa para que le rasurara. La navaja en la garganta del mayocol era como un relámpago.

Canek, inmóvil, se mordía las manos.

5

Llegaron a la hacienda los hijos del amo. Eran mozos, de cara blanca. Ceceaban. Llegaron jinetes en caballos negros, de casco recio y crin brillante. Entraron a galope entre nubes de polvo. Lo primero que hicieron fue echar sus cabalgaduras por las sementeras. Lo segundo fue arrancar los cepillos de la iglesia y feriar los dineros. Lo tercero fue robar a la hija de Jesús Chi, el mayoral de la hacienda. Se la llevaron lejos, hicieron burla de ella y la abandonaron en el campo. Jesús Chi, lleno de vergüenza, se ahorcó en la ventana de los mozos.

Canek recogió a la hija: estaba cubierta de polvo, de sangre y de baba.

6

Por la senda del poniente partió uno de los hijos del amo. En las sienes le estallaba el miedo. Corría su cabalgadura y encendía chispas en el camino. Sobre la grupa iba uno de los enanos de la vieja Nohpat. El enano era pesado y frío como carapacho de tortuga. Su aliento era soplo de hielo en la cabeza del mozo. Avanzaban en la noche, como si entraran a un espacio líquido, impregnado de silencio.

El caballo, sin jinete, llegó al pueblo.

Sólo Canek le tomó las riendas.

7

El amo mandó llamar a Patricio Uk y le preguntó:

—¿Es cierto que te vas a casar con Rosaura, la hija del difunto Jesús Chi?

Canek respondió por Patricio:

—Sí, señor, es cierto. Yo seré su padrino.

—¿Después de lo que aconteció con mis hijos?

Patricio dijo:

—Sí, señor.

Delante venía Canek con un indio muerto.
Lo había matado una bala perdida.

El amo sonrió y agregó:

—Haces bien. Después de todo, para qué la quieres nueva, si ni siquiera la vas a usar.

Dos dragones preguntaron por Patricio y se lo llevaron, atado de manos. Ya era soldado. Canek lo detuvo y le dijo:

—Cásate, de todas maneras, Patricio.

8

El tiempo era bueno para la caza y el amo invitó al Alcalde a una cacería de venado. El Alcalde se presentó en compañía de los demás señores del Cabildo. También trajeron a un coplero, a quien llamaban Barbado. El tal tenía dengues de doncella y creía que los indios eran buitres desplumados. Como en una estampa iluminada, lucían arreos de caza: hondas, flechas, armas y cuernos. Una jauría les precedía. Para el ojeo engancharon a unos indios diestros. Todo el día duró el bullicio en el monte. La comitiva regresó al caer la tarde. Regresó ahíta de alcohol. Delante venía Canek con un indio muerto. Lo había matado una bala perdida. Detrás venían otros indios con las piezas cobradas. El Alcalde y el amo y los señores del Cabildo caminaban sobre la sangre de las bestias y del indio.

El coplero repetía:

—Menos mal que fue un indio.

9

—Entonces —preguntó Canek al Alcalde—, ¿no se aprobó la reducción de los tributos personales que acordó la comunidad de los indios?

—No. Las necesidades de la hacienda son muchas. El Fisco es exigente.

—Pero, señor, los indios están en la miseria; sufren hambre; todo lo han dado, nada tienen.

El Alcalde sonrió. Después de una pausa, al oído de Canek, dijo:

—Aquí, entre nosotros, dime, ¿no tienen hijas?

10

Jacinto Canek es amigo del Padre Matías. El Padre Matías conoce la maldad de los hombres y la dulzura de los animales. De su religión no ha hecho un oficio, sino una alegría. En Cisteil, donde vive, viste sayal franciscano y calza sandalias de cuero. Está al tanto de lo que acontece; regaña a los malos y bendice a los buenos. Algunas veces, sin revelar su secreto, desliza palabras que ha oído de Canek. Una vez aconsejaba de esta manera:

—Un pastor no distingue las ovejas buenas de las malas. Por eso no pregunta a nadie cómo son sus ovejas, antes de lanzarse contra el lobo. Así hay que defender a los indios buenos y malos contra los blancos: lobos de estas tierras.

11

Don Chumín, el administrador de la hacienda, se atrevió a hablar al amo. Le habló con la cabeza baja y el sombrero entre las manos.

—Señor —le dijo—, las cosechas de este año han sido buenas. Ya se han ido los carros de algodón. Las trojes están llenas y los molinos de aceite no dejan de trabajar. En el aserradero las trozas de roble, encino y nogal se estiban hasta arriba.

—¿Y qué? —preguntó el amo.

—Señor, es que estamos en octubre y a los indios sólo se les ha entregado, a cuenta, tres varas de manta y dos alpargatas.

—Tú eres amigo, sin duda, de ese Canek.

Al día siguiente llegó a la hacienda un nuevo administrador más parco de palabras, y menos cercano a Canek.

12

Los hijos del difunto Chi —compadre de Canek— no tienen patrimonio. Del padre no han heredado sino una vaca. La vaca vive con ellos, al lado de ellos. De la vaca depende la vida de los niños. Es juguete para sus travesuras, guardián para su choza, miel para sus bocas. Los esbirros llegaron a reclamar el nuevo tributo. Canek ofreció pagarlo con su trabajo. Los esbirros se rieron. Entraron, echaron un lazo y arrastraron a la vaca fuera del corral. El animal se resistía; hincaba la pezuña en la tierra y mugía. Los esbirros se llevaron también la vida de los hijos del difunto Chi.

13

Con cohetes y repique se anuncia la llegada del Alcalde del pueblo. Los indios cuelgan banderolas de color por los caminos. Ellos no saben cómo se llama el Alcalde. Desde la víspera las mujeres andan en trajines de cocina, condimentando guisos, dulces y ensaladas para el Alcalde. Ellas creen que el Alcalde pertenece a la iglesia. El cura viste de gala: sombrero de teja y bastón de cedro. Al andar le rechinan los borceguíes. Él no sabe nada. El amo de la hacienda ha mandado lavar la escalera que baja al cenote. Ahí va a desarrollarse lo mejor del programa. Él sabe su cuento. Hasta cinco rapaces, con las piernas al aire, baten agua de lejía sobre la escalera. Uno de ellos dio un traspié, cayó, se rajó la cabeza y rodó al cenote. Ante el azoro de los niños, el amo ha tenido un gesto de repugnancia por la sangre que había ensuciado los preciosos peldaños de la escalera. En los ojos de Canek había sangre, sangre de niño.

14

Domingo Pat tuvo que salir del pueblo. Su protesta contra las autoridades había provocado la ira del Alcalde. Unos esbirros le dispararon en la casa del Cabildo. El amo del lugar no le quiso dar asilo aquella noche; so pretexto de que había víboras, estimuló a los perros. Pat huyó al campo y tras él salieron unos dragones. Día y noche siguieron sus huellas. Al cabo de una semana, como a una fiera, lo cazaron en el monte. Los dragones regresaron con ansia de cobrar; con gesto duro y gozoso y un no sé qué de maldición en el rostro cetrino. Como trofeo traían las alpargatas de Pat.

Canek las vio y sonrió.

—Cuando un indio muere así —dijo— sólo deja de caminar en la tierra. Su espíritu crece y ronda por los lugares, cubierto de fuego.

Un correo trajo la noticia de que los indios del pueblo vecino habían incendiado el cuartel de los blancos. Entre los rebeldes estaba un hombre que se llamaba Domingo Pat.

15

En su gira pastoral, el Obispo se dignó visitar la hacienda donde vive Canek. El Obispo entró en ella rodeado de tanto incienso y de tantas oraciones que casi se hizo invisible. Los indios recibieron ropa nueva para lucir en las ceremonias. Un capataz cuidó de que no la estropearan. En cuanto se fue el Obispo, los indios devolvieron aquella ropa. Otro capataz la dobló y la guardó en los arcones. El amo era devoto y económico.

16

Hasta tres blancos blasfeman delante de un tigre rojo que se amansa en el sueño de una piedra. Canek les recuerda su imprudencia y los blancos, altivos, se ríen del indio.

Cuando amaneció, la piedra roja era más roja y de los blancos sólo quedaba un rastro de sangre.

17

Miguel Kantun, de Lerma, es amigo de Canek. Le escribe una carta y le manda a su hijo para que haga de él un hombre. Canek le contesta diciéndole que hará de su hijo un indio.

18

Colgado de las ramas de un naranjo, amaneció ahorcado un indio de la hacienda. El amo mandó vender la fruta antes de que se conociera el suceso. Canek descolgó al indio y lo enterró. Al enterrarlo, lejos del cementerio, en el campo, parecía que sembraba semilla de hombre.

19

Aún no era el alba cuando repicaron en la iglesia de Cisteil. El Padre Matías se incorporó sorprendido, se calzó las alpargatas, se ciñó la sotana y salió

Colgado de las ramas de un naranjo, amaneció ahorcado un indio de la hacienda.

a la calle para ver qué era aquello. Cuando llegó a la iglesia, se encontró con un nuevo párroco posesionado del lugar. El sacristán sonreía. El nuevo párroco, rollizo, de acento cerrado, explicó que el señor Obispo ya no quería tolerar los desórdenes de la iglesia de Cisteil. El sacristán sonreía. Quebrado por el canto de los gallos se oía el repique de las campanas. El Padre Matías huyó a Sibac y Canek lloró su ausencia.

20

A ras de tierra soplaba un vientecillo seco, cálido. Empujaba los despojos y las briznas del campo. Ardía el cielo y bajo el sol las ramas se quebraban sin savia. En la lejanía, siempre invisible, las tortolitas

Las bestias que movían la noria yacían tumbadas sobre las baldosas del patio.

decían, medrosas, su canto. Las bestias que movían la noria yacían tumbadas sobre las baldosas del patio. Tenían el vientre hinchado como si estuvieran muertas. Las moscas reverdecían, lustrosas, sobre sus llagas. En las albarradas mostraban su acecido, desorbitados sus ojillos, las iguanas. Desde arriba, algunos zopilotes, en círculos lentos, oteaban el páramo.

Un indio llegó con su hijo desmayado. Ni en el pozo ni en la acequia había agua para mojarle las sienes. Canek empujó el cancel de la Parroquia. Un vaho de humedad le endulzó la cara y la respiración, tomó con sus manos el agua bendita y roció la carita del niño.

Sacaron de la cárcel a los indios que estaban presos y los llevaron a las canteras.

21

Llegaron al pueblo los chicleros. Llegaron seis. Todos, hasta los vivos, estaban muertos. Canek los recogió y, para no lastimar sus llagas, los envolvió en hojas de plátano.

El amo apuntó: cien arrobas de chicle.

22

Sacaron de la cárcel a los indios que estaban presos y los llevaron a las canteras. Allí los obligaron a romper piedras. Los mazos caían sobre las lajas. Cuando la fatiga dejaba los brazos flácidos, el látigo del capataz hería las espaldas de los indios. Los mazos volvían a caer sobre las lajas. De pronto, el más anciano de los indios se dobló desfallecido. El capataz le golpeó las costillas. Canek se adelantó y acogotó contra las piedras al mísero verdugo. Volvieron a caer los mazos sobre las lajas. Por todos lados saltaban astillas rojas.

23

El herrero de la hacienda se acercó al nuevo amo y le dijo:

—Señor, ya está terminado el hierro para marcar a las bestias del campo. ¿Hago otro para marcar a los indios?

El amo contestó:

—Usa el mismo.

Canek rompió el hierro.

24

El notario asentó en su protocolo: la hacienda se adjudica por tantos dineros, con sus tierras, aguajes, bestias, indios y aparejos, tal como se indica al margen. La nueva marca de las bestias y de los indios será fijada por el comprador.

Canek huyó con los indios.

La Guerra

... y fueron matados los huérfanos,
los desamparados y las viudas
que vivían sin fuerza para vivir.

Del *Libro de los antiguos dioses mayas*

1

En la Conjunta del gremio de alarifes devotos de San Antonio, Canek dijo:

—Del dinero que se gasta en velas y en inciensos, ¿por qué no tomamos algo para curar a los enfermos?

Un tratante blanco gritó:

—Mejor compramos alcohol.

Los indios se emborracharon. En la borrachera hubo una disputa y el tratante, que vendía aguardiente, fue muerto. Canek, lleno de ira, rompió la imagen de San Antonio.

Los blancos gritaron:

—¡Se han sublevado los indios!

2

Los cerdos de la hacienda donde vive Canek rompieron la barda de su chiquero y se escaparon. Ensuciaron el viento y el camino con el olor de sus panzas y el polvo de sus patas.

Los blancos gritaron:

—¡Se han sublevado los indios!

3

Los indios de Sayil apedrearon los bandos en que se anunciaba que el tributo personal sería aumentado. El alguacil salió muy herido y un indio aporreado. En represalia, mientras los tenientes de la hacienda exigían el nuevo tributo, el Regidor de Justicia y Alcabalas mandó instalar un gran garrote. Lo mandó instalar sobre un tablado en el atrio de la iglesia. Deshicieron todo un altar para construirlo. El pueblo comentó, medroso, la gran amenaza. Sin embargo, cuando amaneció había en el cadalso dos animales muertos; en el garrote una blanca paloma, y en la rueda del verdugo, una gallina negra.

Los blancos gritaron:

—¡Se han sublevado los indios!

4

Las tropas blancas aprehendieron a uno de los mozos de la hacienda; maniatado, lo llevaron al cuartel. El coronel le acogió con zalamerías y le colmó de presentes. El indito, alma niña, quedó aturdido. Regresó a la hacienda hecho un pimpollo. Olía a rosas de Castilla. Canek le atajó y le hizo ver su engaño:

—No digas a los indios lo que te han hecho creer los blancos.

El mozo no creyó en Canek. Al día siguiente su cuerpo apareció junto al cuartel de los blancos. A su lado estaba un hatillo con la ropa y las preseas que le habían dado.

Los blancos gritaron:

—¡Se han sublevado los indios!

5

Ya anochecido y por un atajo llegaron al pueblo Ramón Balam y Domingo Canché. Escapaban de la matanza que los blancos hacían entre los indios. Balam había recibido un machetazo en la espalda y sangraba. Jacinto Canek les dijo:

—Ya se cumplen las profecías de Nahua Pech, uno de los cinco profetas del tiempo viejo. No se contentarán los blancos con lo suyo, ni con lo que ganaron en la guerra. Querrán también la miseria de nuestra comida y la miseria de nuestra casa. Levantarán su odio contra nosotros y nos obligarán a refugiarnos en los montes y en los lugares apartados. Entonces iremos, como las hormigas, detrás de las alimañas y comeremos cosas malas: raíces, grajos, cuervos, ratas y langostas del viento. Y la podredumbre de esta comida llenará de rencor nuestros corazones y vendrá la guerra.

Los blancos gritaron:

—¡Se han sublevado los indios!

6

Los soldados penetraron en las chozas de los indios amigos de Canek. Si el indio tenía un machete col-

Los soldados penetraron en las chozas de los indios amigos de Canek.

gado de la pared, de un porrazo lo tendían muerto. Si el indio no tenía un machete colgado de la pared, de un porrazo lo tendían muerto.

El capitán explicaba:

—En algún lugar lo debe tener.

Los blancos gritaron:

—¡Se han sublevado los indios!

7

Saltó el viento sobre la serranía del Petén; se derramó por la selva, arrastrando consigo las emanaciones de los lagos y los rastrojos y el polvo de las eras; doblegó los maizales, y cayó deshecho, agrio y denso, en la sabana de Sibac y en las arenas negras de la playa de Motul. Entre los cipreses, altos y ciegos, se oía el nombre de Canek.

Los blancos gritaron:

—¡Se han sublevado los indios!

8

El mensaje de guerra que Canek envió a los pueblos de Yucatán no estaba escrito. Balam, Canché, Pat, Uk, Pech y Chi sólo llevaban en las manos la sangre de los indios asesinados por los blancos.

9

Ante la insidia de los blancos, Canek convocó a los indios semaneros. Sin hablarles, les señaló una mesa donde había armas y pan.

Unos tomaron un pan. A éstos les dio un arma y les dijo que defendieran sus casas. Otros tomaron un arma. A éstos les dio un pan y les dijo que defendieran las trincheras. Otros tomaron un arma y un pan. A éstos, como los viera con señales de cautela, les ordenó que fueran capitanes.

10

Mientras duró la danza del Chacmol, Canek repartió entre los indios conjurados todas las armas que había recibido del Oriente. Uno de aquellos indios comentó:

—Son pocas.

Canek respondió:

—Las demás las tienen los blancos.

11

Después de prevenirse contra el ataque de los blancos, Canek pensó en Guy. En seguida subió a los árboles. Los nidos que encontró los puso a salvo en los aleros de la parroquia. Los pájaros, dóciles, revolotearon entre sus manos.

12

El pueblo está en guerra. En el horizonte se encienden las ramas del viento. Se oyen en el aire los tunkules, las icoteas y los gritos de los indios en armas. Las tropas blancas llegaron al pueblo. El pueblo estaba en silencio, vacío, y en la distancia se oía el rumor de la guerra: el golpe de los tunkules, de las icoteas y los gritos de los indios en armas. Las tropas blancas cayeron sobre el pueblo vecino. El pueblo estaba en silencio, y en la distancia se oía el rumor de la guerra: el golpe de los tunkules, de las icoteas y los gritos de los indios en armas. Las tropas blancas cayeron sobre el pueblo vencido. El pueblo estaba en silencio, vacío, y en la distancia se oía el rumor de la guerra: el golpe de los tunkules, de las icoteas y los gritos de los indios en armas.

El nombre de Canek era voz y eco en la sombra.

13

Los esbirros llegaron de madrugada al pueblo de Cisteil. Las casas estaban desiertas; por las calles vagaban, aullando, los perros que perdieron a sus dueños. Los esbirros untaron de brea los techos de las casas. Cuando amaneció sólo humeaban las ruinas. Un vaho de agua quemada, agria, verde y gruesa, se sentía en el aire. Después talaron los puntales y arrancaron los cimientos y derramaron sal en los montes, y cegaron los pozos y mataron las palomas que regresaban a sus palomares.

Cuando por la noche se alejaron los esbirros, detrás de ellos, como una sombra blanca, adensada en las tinieblas, caminaba Jacinto Canek.

14

En Tiholop aprehendieron a unos indios que de rodillas decían el nombre de Canek. En Tixcacal aprehendieron a unos indios que de pie decían el nombre de Canek. En Sotuta aprehendieron a unos indios que, en silencio, decían el nombre de Canek.

15

El rancho de San José, porque dio asilo a Canek, fue incendiado por los blancos. Un capitán quiso dejar salir a los indios. Pero otro capitán le dijo:

—Déjalos dentro. El indio quemado hace buen abono.

16

En la paramera soledad de Sibac no hay piedras para levantar una trinchera. En el horizonte rojo se adivina la presencia de los blancos. Canek, desnudo, con los pies clavados en el suelo, se dispone a resistir. El Padre Matías contempla la capilla que con sus manos estaba fabricando. La derriba y amontona las piedras en el camino. Le ha dado un plazo a la muerte.

17

La tía Micaela no ha querido huir. Se ha quedado para enterrar a los muertos. Con sus lágrimas les limpia la cara. Con sus manos empuja los cuerpos negros. Para que la tierra de las zanjas no caiga sobre los ojos, se los cubre con hojas de yantén. Entre los cuerpos busca el de Canek, y como no lo encuentra sonríe.

18

Del rancho de San Joaquín regresaron las tropas blancas que perseguían a Canek. Un capitán dijo:

—Traigo un hato de cincuenta bestias.

Otro capitán dijo:

—Sólo cuento veinte.

—El número se completa con indios.

19

Canek lo sabe: en la plaza de Cisteil las piedras se desangraban junto a los indios muertos. Para las piedras y los indios la plaza fue un campo de batalla. Para los blancos la plaza de Cisteil fue un circo.

20

Canek lo pensó pero no lo dijo. Los indios que estaban cerca de él lo adivinaron. En el momento del ataque, los indios delanteros tenían que esperar que el enemigo hiciera fuego. Entonces los indios de atrás avanzaban caminando sobre sus muertos.

21

El Gobernador de la provincia comunicó a quien debía que la rebelión de los indios fue cruel y que sus jefes despreciaron, llevados de sus instintos animales, la fe, la razón y las costumbres cristianas; y que por esto y, como escarmiento aconsejado por la prudencia, se procedía a castigar a los promotores con energía acorde con la caridad.

Cuando terminó su informe, el Gobernador preguntó a uno de sus edecanes:

—¿En dónde está ese pueblo rebelde que llaman Canek?

El edecán salió a investigar.

22

Francisco Ux, señor de Tabi, cuando lo aprehendieron, dijo que él era Canek y se dejó amarrar junto a una hoguera. Murió quemado.

—Es inútil, capitán —añadió Canek—,
le va a faltar cordel para atar las manos de todo el pueblo.

23

En la sabana de Sibac los esbirros aprehendieron a Canek y a sus amigos. Uno de los esbirros, de nombre Malafacha, le ató las manos.

—Capitán —dijo Canek—, le va a faltar cordel.

Malafacha torció el nudo.

—Es inútil, capitán —añadió Canek—, le va a faltar mucho más cordel para atar las manos de todo el pueblo.

Canek sonrió. La sangre escurría de sus manos como una llama dócil.

24

Los dragones regresaron cantando canciones devotas. Detrás de ellos, atados con cadenas, cubiertos de polvo y de sangre, arrastrando los pies, caminaban los indios prisioneros en Sibac.

Delante de los indios, Canek parecía un escudo y una bandera: el pecho cubierto de sangre y el cabello agitado por el viento.

25

Los indios aprehendidos fueron azotados en la cárcel. Los soldados que custodiaban a Canek dejaron de hablar: en las espaldas de Canek aparecieron las estrías de los cintarazos.

26

Los jueces acordaron cortar una mano a Domingo Canché. El verdugo, acostumbrado a matar por la espalda a los indios, en presencia de Canché tuvo miedo y de las manos se le cayó el machete. Lo recogió Canché y, de un tajo, se cercenó la mano. Luego se la entregó al verdugo.

27

Para que el alma de Ramón Balam llegara más pronto al infierno, el verdugo le ahorcó con un cordel empapado de aceite. Como no había aceite en el cuartel, usó el aceite del altar. En el silencio de la tarde, el cuerpo de Balam olía a incienso. Una paloma durmió en el hueco de sus hombros.

28

Fray Matías fue muy bueno con Canek. Fray Matías lo visitó en la cárcel, conoció su inocencia y le hizo quitar los grillos. Mientras Canek recordaba al niño Guy, Fray Matías lloraba sobre las rodillas del indio.

29

Cuando Jacinto Canek subió al patíbulo los hombres bajaron la cabeza. Por eso nadie vio las lágrimas del verdugo, ni la sonrisa del ajusticiado. En la sangre de Canek, la sangre de la tarde era blanca. Para la gente los luceros eran de sal y la tierra de ceniza.

30

En un recodo del camino a Cisteil, Canek encontró al niño Guy. Juntos y sin hablar siguieron caminando. Ni sus pisadas hacían ruido, ni los pájaros huían delante de ellos. En la sombra sus cuerpos eran claros, como una clara luz encendida en la luz. Siguieron caminando y cuando llegaron al horizonte empezaron a ascender.

ÍNDICE

Otros títulos

- Orgullo y prejuicio
- Nueva visita a un mundo feliz
- El jinete sin cabeza
- La geneología de la moral
- El existencialismo es humanismo
- Los diálogos de Platón
- Alicia en el país de las maravillas
- Historia verdadera de la conquista de la Nueva España